L'IMPÉRATRICE EUGÉNIE

ET

LE PEUPLE

> *Sinite parvulos venire ad me.*
> (ÉVANGILE.)
>
> Et si un frère ou une sœur sont nus, et qu'ils manquent de la nourriture qui leur est nécessaire chaque jour;
> Et que quelqu'un d'entre vous leur dise: allez en paix, chauffez-vous et vous rassasiez, et que vous ne leur donniez point ce qui leur est nécessaire pour le corps, à quoi cela servira-t-il?
> (ÉP. DE S. JACQUES, apôtre.)

PARIS

E. DENTU, LIBRAIRE-ÉDITEUR

GALERIE D'ORLÉANS, 13 ET 17, PALAIS-ROYAL

—

1862

L'IMPÉRATRICE EUGÉNIE

ET

LE PEUPLE

I

Toute la philosophie n'est pas dans les livres : toute la sagesse ne réside pas dans les codes sociaux.

A côté de la politique qui apprend, médite et calcule, il y a la bienfaisance qui aime, console, s'enflamme et se propage, la bienfaisance qui donne à la création ses rayonnements, à l'homme libre ses expansions, et affirme, par ses déductions pratiques, que la créature humaine a été faite pour la lumière et pour la liberté.

Renié des hommes, le pauvre n'avait autrefois ni famille, ni amis; le destin le roulait d'un côté à l'autre comme l'épave de la vague à la vague. Lorsque, adolescent, il demandait son père et sa mère, on lui répondait : Le hasard et la débauche. Puis, la charité publique lui donnait un morceau de pain, et tout était dit, jusqu'à de nouvelles souffrances, jusqu'à de nouvelles aumônes. La société croyait ainsi avoir tout fait pour ses déshérités. L'Église seule essuyait leurs pleurs, relevait leur courage et priait sur leurs tombes.

L'homme, cependant, ne vit pas seulement de pain. Quand la bête est repue, quand le corps, — *l'autre!* s'écrie Pascal, — a eu sa ration, il faut songer à son cœur, accessible à toutes les émotions du juste et du vrai, à son esprit avide des saines notions du devoir, du travail, de la famille, notions qui sauront le rendre digne de ses immortelles destinées. La source vive de la morale et du bonheur n'est que là.

La bienfaisance publique revêt, de nos jours, ce caractère tendre et puissant à la fois; elle tend à diriger vers le travail les classes nécessiteuses, et, dès lors, celles-ci se trouvent portées au bien comme par une secrète analogie de nature.

Le gouvernement de Napoléon III a inauguré cette ère nouvelle de la philanthropie basée sur les principes du christianisme, secourant le pauvre sans l'humilier, le protégeant sans le rabaisser, et distribuant moins des aumônes que des soulagements aux douleurs et des éléments de réhabilitation aux misères.

Il est, en effet, une vérité de tous les jours, de toutes les minutes, qui marche avec le temps, qui se lève avec l'aurore, qui nous brûle avec le soleil; cette vérité est celle-ci : nous sommes à une époque où il ne faut pas négliger la moindre force sociale qui se présente au camp du penseur et au sanctuaire du législateur. Si on ne lui fait pas l'accueil qu'elle mérite, elle peut s'évanouir pour la cause de l'ordre, et ce sera un contingent de moins entre les mains de l'Autorité. Comme des corps d'armée, ces idées modernes doivent être organisées pour entrer dans le mouvement ascensionnel de la liberté.

Le nom de l'Impératrice Eugénie restera attaché à cette œuvre de résurrection, à cet essor et à cette fécondité du génie de la charité.

Constamment préoccupée du soin d'adoucir les souffrances auxquelles compatit son cœur de mère et de chrétienne, l'auguste compagne de Napoléon III continue les vertus de l'Impératrice Joséphine et suit les traditions des femmes illustres qui traversent notre histoire, entourées d'une auréole de grâce et de bonté, étanchant les larmes, pansant les blessures des grandes guerres ou des grands désastres.

Avec quel allégement, avec quelle joie la pensée ne se reporte-t-elle pas des laideurs et des égoïsmes qui nous entourent vers ces calmes et purs loisirs consacrés à faire le bien et à en donner l'éclatant exemple? Fondations utiles, initiatives généreuses, dons, encouragements, secours, patronage, protection de toutes les institutions placées sous l'égide de la charité, tel est le cortége qui, depuis dix ans, s'accroît sans cesse autour de l'Impératrice Eugénie, tels sont les éloquents interprètes de l'élévation de sa pensée, de l'exquise mansuétude de son âme, de la ferme maturité de son jugement. Chaque jour, de tous les points de la France, des prières s'élèvent vers cette main, de laquelle s'épanchent d'augustes bienfaits. Le peuple ne sait que bénir le plus, ou de ces libéralités arrachant au désespoir et à la mort tant d'ouvriers sans travail, tant de pauvres mères dont le sein est tari, tant de jeunes filles héroïques devant la honte, ou de ces merveilleuses délicatesses du cœur appelant sur le front du malheureux les brises vivifiantes de la confiance et de l'espoir.

II

Il y a dans les belles destinées des résolutions inévitables : c'est un grand mérite que de savoir les prendre à temps et les accomplir habilement.

L'opinion publique a rendu une fois de plus hommage à cette vérité, en accueillant avec la sympathie la plus vive et la plus unanime l'institution de la *Société du Prince-Impérial*, récente et solennelle manifestation de cet esprit de charité chrétienne qui anime l'Impératrice dans ses rapports avec le peuple.

On ne touche pas dans notre pays à la fibre nationale, faite toute de générosité, de grandeur d'âme et de dévouement, sans provoquer l'intérêt et l'enthousiasme. La création de la *Société du Prince-Impérial* est une œuvre éminemment civilisatrice ; c'est, de plus, un fait qui a profondément remué la grande famille française, et qui prend rang parmi le glorieux contingent des institutions utiles à l'éducation morale des masses.

Cette unanimité de l'opinion publique motive et explique le travail que nous dédions aujourd'hui à tous ceux que préoccupe le problème du paupérisme, — austère interrogation qui se dresse devant les nations fortes et puissantes. Nous n'avons ni la prétention de jeter un jour nouveau sur une question ardue, ni le désir d'apporter à la cause des éléments de discussion. Nous nous bornons à rappeler en peu de mots les phases principales de la mission providentielle de l'Impératrice Eugénie, et à grouper autour de l'exposé de l'œuvre qui a été fondée à son ins-

piration, et qui se développera sous son patronage et sous
celui du Prince Impérial, les documents officiels qui peuvent faire apprécier la pensée dirigeante et le but de la
noble fondatrice. Si notre tâche est modeste, nous avons la
conviction qu'elle sera utile, ne fût-ce qu'au point de vue
de la réunion des matériaux qui édifieront le monument
d'une vie dont chaque jour représente mille infortunes
adoucies, dont chaque date s'inscrit radieuse aux annales
que le peuple consacre à ses bienfaiteurs.

III

L'Impératrice Eugénie, on le sait, est née à Grenade
(Andalousie) le 5 mai 1826, — juste cinq ans jour pour
jour après la mort de l'empereur Napoléon Ier, dont elle
était appelée à perpétuer la dynastie. Elle appartient par
son père, glorieux officier des grandes guerres de l'Empire et l'un des derniers défenseurs du sol français en
1814, à la noble et illustre famille de Porto-Carréro, émi-
grée de Gênes en Estramadure au quatorzième siècle, race
chevaleresque dont le blason porte les écussons des Guz-
man, des Fernandez, des Cordova et réunit les trois gran-
desses de première classe de Teba, de Banos et de Mora.
Par sa mère, Andalouse comme elle, elle descend des
Kirckpatrick de Closeburn, famille catholique d'Écosse,
qui dut s'expatrier à la chute des Stuarts.

Vers les derniers jours de janvier 1853, un mois à peine
après la proclamation de l'Empire, le bruit du prochain
mariage de Napoléon III se répandit dans la capitale et y
causa une véritable satisfaction. On apprit bientôt que ce

bruit était fondé, et la communication officielle de son mariage, faite par l'Empereur aux trois grands corps de l'État, fut, en effet, affichée sur les murs de Paris. Voici le texte de cette communication, dont le souvenir est encore présent à tous les esprits, et qui produisit en Europe une vive impression :

« Messieurs,

« Je me rends au vœu si souvent exprimé par le pays en venant vous annoncer mon mariage.

« L'union que je contracte n'est pas d'accord avec les traditions de l'ancienne politique : c'est là son avantage.

« La France, par ses révolutions successives, s'est toujours brusquement séparée du reste de l'Europe ; tout gouvernement sensé doit chercher à la faire rentrer dans le giron des vieilles monarchies ; mais ce résultat sera bien plus sûrement atteint par une politique droite et franche, par la loyauté des transactions, que par des alliances royales qui créent de fausses sécurités et substituent souvent l'intérêt de famille à l'intérêt national.

« D'ailleurs les exemples du passé ont laissé dans l'esprit du peuple des croyances superstitieuses ; il n'a pas oublié que depuis soixante-dix ans les princesses étrangères n'ont monté les degrés du trône que pour voir leur race dispersée et proscrite par la guerre ou par la révolution. Une seule femme a semblé porter bonheur et vivre plus que toutes les autres dans le souvenir du peuple, et cette femme, épouse modeste et bonne du général Bonaparte, n'était pas issue d'un sang royal.

« Il faut cependant le reconnaître, en 1810, le mariage de Napoléon Ier avec Marie-Louise fut un grand événement ; c'était un gage pour l'avenir, une véritable satisfaction pour l'orgueil national, puisqu'on voyait l'antique et illustre maison d'Autriche, qui nous avait si longtemps fait la guerre, briguer l'alliance du chef élu d'un nouvel empire.

« Sous le dernier règne, au contraire, l'amour-propre du pays n'a-t-il pas eu à souffrir, lorsque l'héritier de la couronne sollicitait infructueusement, pendant plusieurs années, l'alliance d'une maison souveraine et obtenait enfin une princesse accomplie sans doute, mais seulement dans des rangs secondaires et dans une autre religion.

« Quand, en face de la vieille Europe, on est porté par la force d'un nouveau principe à la hauteur des anciennes dynasties, ce n'est pas en vieillissant son blason et en cherchant à s'introduire à tout prix dans la famille des rois, qu'on se fait accepter ; c'est bien plutôt en se souvenant toujours de son origine, en conservant son caractère propre et en prenant franchement vis-à-vis de l'Europe la position de parvenu, titre glorieux lorsqu'on parvient par le suffrage universel d'un grand peuple.

« Ainsi, obligé de s'écarter des précédents suivis jusqu'à ce jour, mon mariage n'était plus qu'une affaire privée ; il restait seulement le choix de la personne. Celle qui est devenue l'objet de ma préférence est d'une naissance élevée.

« Française par le cœur, par l'éducation, par le souvenir du sang que versa son père pour la cause de l'Empire, elle a, comme Espagnole, l'avantage de ne pas avoir en France de famille à laquelle il faille donner honneurs et dignités ; douée de toutes les qualités de l'âme, elle sera l'ornement du trône, comme, au jour du danger, elle deviendrait un de ses courageux appuis.

« Catholique et pieuse, elle adressera au Ciel les mêmes prières que moi pour le bonheur de la France ; gracieuse et bonne, elle fera revivre dans la même position, j'en ai l'espoir, les vertus de l'Impératrice Joséphine.

« Je viens donc, Messieurs, dire à la France : J'ai préféré une femme que j'aime et que je respecte, à une femme inconnue dont l'alliance eût eu des avantages mêlés de sacrifices. Sans témoigner de dédain pour personne, je cède à mon penchant, mais après avoir consulté ma raison et mes convictions.

« Enfin, en plaçant l'indépendance, les qualités du cœur, le bonheur de la famille au-dessus des préjugés dynastiques et des calculs de l'ambition, je ne serai pas moins fort, puisque je serai plus libre.

« Bientôt, en me rendant à Notre-Dame, je présenterai l'Impératrice au peuple et l'armée. La confiance qu'ils ont en moi assure leur sympathie à celle que j'ai choisie.

« Et vous, Messieurs, en apprenant à la connaître, vous serez convaincus que, cette fois encore, j'ai été inspiré par la Providence. »

IV

A peine l'événement si important du mariage du souverain élu par la volonté nationale, était-il connu, que la Commission municipale de Paris s'était réunie et avait voté une somme de 600,000 francs destinée à offrir une parure à la future Impératrice. On se rappelle encore la lettre, à la fois noble et touchante, par laquelle la comtesse de Téba, déjà empressée à venir en aide à ceux qui souffrent, refusa cette magnifique offrande, digne présent de la plus riche et de la plus intelligente capitale du monde. Nous croyons devoir consigner ici ce premier acte de la vie publique de l'Impératrice, qui est en même temps une bonne action dont le peuple a depuis profité :

« Monsieur le Préfet,

« Je suis bien touchée d'apprendre la généreuse décision du Conseil municipal de Paris, qui manifeste ainsi son adhésion sympathique à l'union que l'Empereur contracte. J'éprouve néanmoins un sentiment pénible, en pensant que le premier acte public qui s'attache à mon nom, au moment de mon mariage, soit une dépense considérable pour la ville de Paris. Permettez-moi donc de ne point accepter votre don, quelque flatteur qu'il soit pour moi, vous me rendrez plus heureuse en employant en charités la somme que vous aviez fixée pour l'achat de la parure que le Conseil municipal voulait m'offrir. Je désire que mon mariage ne soit l'occasion d'aucune charge nouvelle pour le pays auquel j'appartiens désormais ; et la seule chose que j'ambitionne, c'est de partager avec l'Empereur l'amour et l'estime du peuple Français.

« Je vous prie, Monsieur le Préfet, d'exprimer à votre Conseil toute ma reconnaissance, et de recevoir pour vous l'assurance de mes sentiments distingués.

« Palais de l'Élysée, le 26 janvier 1853.

« EUGÉNIE, COMTESSE DE TÉBA.

Communication de cette lettre fut donnée à la Commission municipale, réunie en séance extraordinaire, le 28 janvier 1853. Cette Commission prit immédiatement la décision suivante, enregistrée, comme il suit, dans son procès-verbal du même jour :

« Le Conseil, vivement ému des sentiments exprimés par S. Exc. la comtesse de Téba, a décidé, à l'unanimité, que, pour se conformer à ses intentions, la somme de 600,000 francs qu'il avait destinée à l'achat d'une parure pour l'Impératrice, sera employée à la fondation d'un établissement où de jeunes filles pauvres recevront une éducation professionnelle, et d'où elles ne sortiront que pour être convenablement placées. Cet établissement portera le nom et sera placé sous la protection de l'Impératrice. »

Située à l'extrémité du faubourg Saint-Antoine, dans l'une des situations les plus salubres de la capitale, la *Maison Eugénie-Napoléon* a répondu au but de sa fondation.

Les jeunes filles orphelines qui y sont élevées trouvent dans cet asile, près de soins maternels, le foyer domestique que la Providence leur a ravi, — patrie étroite et chère à laquelle on songe pendant le travail et la peine, et qui reste dans les souvenirs de toute la vie comme une promesse et comme une consolation !

Au jour des cruelles épreuves, quand on croirait que le

cœur est desséché à force de dédaigner ou à force de souffrir, tout à coup on se rappelle, comme dans une vision
enchantée, les mille riens qu'on ne pourrait pas raconter,
et qui font tressaillir : ces pleurs, ces baisers, ce cher sou-
rire, ce grave et doux enseignement murmuré d'une voix
si touchante. Ces souvenirs ne feront pas défaut aux pen-
sionnaires de la maison Eugénie-Napoléon, et plus tard,
mères de famille, dotées par une administration sage, entourées de la touchante sollicitude de leur protectrice,
elles ne songeront pas, sans émotion, à ce sacrifice d'une
jeune et belle souveraine, qui leur a donné le bonheur et
l'aisance. Combien ces diamants, déposés dans la main de
l'ange de la bienfaisance, n'armeront-ils pas pour les lut-
tes de la vie de pauvres enfants, — orphelines tristes et
douces, vouées dès leur naissance à la honte ou à la mort?

V

La sollicitude de l'Impératrice Eugénie, toujours en
éveil, ne s'est point bornée à s'intéresser à cette pieuse institution, elle a placé sous son auguste et tutélaire protection, les salles d'asile de France, — ces premiers et inté-
ressants refuges de l'enfance. Qui de nous n'a pas visité,
ne fût-ce qu'une fois, ces modestes et utiles établissements,
où la mère de famille pauvre vient conduire elle-même ses
petits enfants! Quelle est la femme du monde, la chrétienne, qui ne tienne pas à honneur de porter des encouragements et des conseils, à ces maisons simples et hospitalières, où, pour la première fois, l'enfant du peuple
entend parler de Dieu et comprend la nécessité du travail.

Quel est l'homme dont le cœur n'a pas été vivement ému à la vue des premières leçons que de saintes femmes répandent dans le cœur naissant de ces petits êtres, chérubins terrestres, dont les voix, unies par la prière, chantent — ou plutôt bégayent, — des cantiques suaves qui montent vers le trône de Dieu!

Les bons citoyens doivent tous former des vœux pour la multiplicité des salles d'asile, qu'on pourrait appeler, à juste titre, les vestibules des écoles primaires. En effet, les enfants qui quittent cette maternelle direction viennent dans les classes primaires, déjà façonnés à la discipline de l'étude, mûrs déjà pour l'obéissance, et comprenant dans l'ingénuité de leur raisonnement qu'ils doivent respecter leurs parents et leurs maîtres, et travailler pour devenir des hommes.

Mais cette sollicitude de l'Impératrice ne s'étend pas seulement sur les enfants, elle s'appliqué aussi aux femmes en couches trop pauvres pour pourvoir elles-mêmes aux frais coûteux de l'enfantement. Les sociétés de charité maternelle, au nombre de 67 en France, sont aussi placées sous son bienveillant patronage. Ces sociétés, dont le but philanthropique n'a pas besoin de commentaires, ont secouru en 1860, 11,951 familles. Elles ont dépensé près de 500,000 fr., et leurs recettes se sont élevées à plus de 600,000 fr. Elles ne se bornent pas, et c'est un titre de plus qu'elles acquièrent aux yeux des honnêtes gens, à donner des secours aux pauvres mères, elles complètent admirablement leur œuvre en les encourageant à allaiter elles-mêmes leur enfant.

L'Impératrice, régente de l'Empire pendant la glorieuse et populaire campagne d'Italie, a voulu se préoccuper en personne du sort de nos braves soldats blessés grièvement sur les champs de bataille de Solferino, de Mélégnano, de Magenta, de Palestro, de Montebello ; elle a accepté la présidence de la Caisse des offrandes nationales en faveur des armées de terre et de mer, créée par les souscriptions patriotiques de la France. Le rapport de cette année constate que cette caisse possède aujourd'hui 263,063 francs de rente 3 0/0, et qu'elle vient en aide à six mille militaires ou à leur famille.

VI

L'*Orphelinat du Prince Impérial* est aujourd'hui une institution trop populaire pour que nous insistions sur les bienfaits qu'il a rendus et qu'il est appelé à rendre. La France entière s'associa à la création de cet établissement fondé par une pieuse sollicitude de mère, pour appeler les bénédictions du ciel sur un enfant nouveau-né. Les souscriptions publiques, les dons et legs particuliers, les recettes de nombreuses fêtes de bienfaisance organisées surtout par les cercles, les sociétés musicales et artistiques des départements, permirent bientôt de donner à cette fondation une importance qui s'accroît chaque jour.

Le peuple vénère l'Orphelinat et témoigne ainsi des sentiments de reconnaissance qui l'unissent à son auguste fondatrice. Se faire aimer, par les dons du cœur, c'est assurément le plus beau don que le Ciel puisse départir à une souveraine. Heureuses les institutions hospitalières qui arrivent, par leur utilité, à fortifier dans notre pays un sentiment qui fait sa puissance et sa gloire : l'amour de la France !

VII

Les mères ont de mystiques tendresses et de saints ra-
vissements. « Dieu, disent-elles, voit mieux ; mais il aime
notre enfant autant que nous l'aimons ! » Et, fortes de
leur foi touchante, — chrétiennes convaincues, trem-
blantes aussi, — elles consacrent à Dieu les premiers jours
du cher petit être par qui elles vivent et en qui elles revi-
vent. Dieu, pour l'enfant, ce n'est pas le Dieu fort, le Dieu
terrible et vengeur, c'est le Dieu de bonté et de miséri-
corde qui laisse approcher de lui les petits enfants, qui les
bénit et qui leur dit : « Aimez-vous ! aimez-vous les uns
les autres. »

La religion survient alors avec sa sublime morale ;
elle dit la charité chrétienne, le pardon des offenses,
l'oubli des injures, mais la charité surtout, l'obole du
pauvre, le verre d'eau, tout ce que Dieu rend au ciel,
tout ce qu'il demande sur la terre. La mère apprend à l'enfant à donner ; l'offrande de la charité semble se purifier
et revêtir je ne sais quel poétique reflet d'innocence en
passant dans sa main blanche. Puis, la jeunesse disparaît ;
mais l'habitude est prise, et, sur les débris des premiers
ans, naît un sentiment austère, le sentiment du devoir, —
mais pas du devoir que l'adolescence confond avec le
bonheur, tant les parents chrétiens savent les montrer in-
séparables l'un de l'autre. C'est un devoir épuré et ennobli
par la charité ; la vie apparaît sous un nouveau jour, et désormais, étouffant les derniers murmures de l'égoïsme,
l'enfant devenu homme se réfugie dans le dévouement.

. . . .

Les faits que nous venons de rapporter ne présentent-ils pas dans leur ensemble une analogie frappante avec ces périodes de l'éducation religieuse des mères ?

Nous abordons maintenant le dernier point de ce rapprochement : la charité enseignée à l'enfant et par l'enfant. Mais, avant tout commentaire, il nous faut laisser parler le magnifique rapport auquel toute la France vient d'applaudir, et qui édicte le *Prêt au travail,* — le premier couronnement du grandiose édifice élevé par la Famille Impériale à la gloire de son règne et à l'avenir de sa dynastie.

VIII

« Madame,

« Toujours empressée à venir en aide à ceux qui souffrent, toujours attentive à rechercher les causes de la misère, Votre Majesté a été frappée des grandes difficultés qu'éprouvent trop souvent les hommes qui vivent de leur labeur lorsqu'ils ont à emprunter un petit capital pour acheter des instruments d'agriculture, des outils, des matières premières, ou pour subvenir à des besoins accidentels et temporaires.

« Elle a résolu d'adoucir, autant qu'elle le pourrait, ces difficultés, au moyen d'une institution fondée sur la bienfaisance. Frappée des résultats considérables qu'a obtenus l'œuvre de la *Sainte-Enfance,* elle veut suivre cet exemple, appeler le jeune âge à venir au secours de l'âge viril dénué de ressources, grouper les enfants en association, les placer sous un auguste patronage, et constituer ainsi la *Société du Prince-Impérial*, qui distribuera les prêts de l'enfance au travail.

« Votre Majesté a daigné nous exposer ses idées sur cet important problème d'économie charitable.

« Elle nous l'a dit avec raison : Le travail, que Dieu nous a imposé comme un de nos premiers devoirs, est aussi un de nos plus grands besoins. Par le travail, l'homme ajoute à la fécondité de la terre : il utilise, multiplie et transforme les dons de la nature.

« Mais dans l'état de notre civilisation, la force, l'intelligence, la volonté ne suffisent pas pour le travail. Au laboureur, il faut des animaux, des instruments aratoires ; l'artisan a besoin d'outils et de matières premières. Si le travailleur, quel qu'il soit, ne peut se procurer les moyens de se mettre à l'œuvre ; si l'outil manque à l'ouvrier, la semence au cultivateur, la barque au pêcheur ; si, faute d'un peu d'argent, il n'est pas possible de réaliser une conception heureuse, de suivre un progrès ou de l'accomplir, le travail devient impossible ou difficile, la force reste inerte ; l'amour de bien faire, la volonté, l'intelligence, sont paralysés. La pauvreté vient s'asseoir là où pouvait se développer l'aisance.

« Si, au contraire, un prêt fait avec discernement permet de cultiver le modeste héritage, de réparer le métier endommagé, d'acheter les matériaux qui manquent ; si le travail renaît, le malheur est conjuré. Cette avance secourable assurera peut-être l'existence d'un honnête homme ; elle sera peut-être le salut d'une famille, quelquefois aussi elle sauvera l'honneur.

« Votre Majesté attache à ces prêts au travail une importance d'autant plus grande qu'ils n'ont rien de commun avec l'aumône. A la différence du simple don offert par la pitié, des prêts faits au travail profitent plus encore à l'avenir qu'au présent. Ils sont une preuve de confiance, et, par cela même, ils fortifient, ils moralisent. Malheureusement, ces prêts sont rarement à la portée des travailleurs dans la gêne.

« Le grand capitaliste ne peut ni étudier ni surveiller de pareils placements, et le petit capitaliste est trop timide pour s'y livrer. Il n'oserait exposer ses fonds aux chances de la maladie et de la mort de l'emprunteur ; et cependant, ces bras dépourvus d'assistance contribuent puissamment à l'accroissement de la production, à l'augmentation de notre capital, à la prospérité du pays.

« Votre Majesté, qui le sait, veut donner du crédit à ceux qui n'en ont pas et qui méritent d'en avoir.

« Ce que des capitalistes isolés ne pourraient faire, elle le

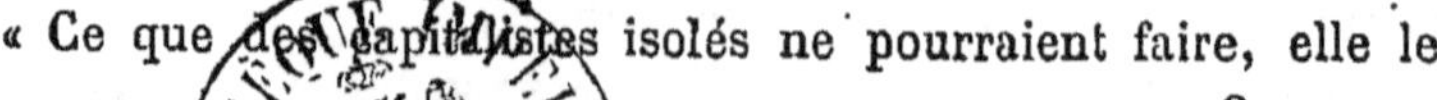

demande sans crainte à une grande association de bienfaisance,
fondée par elle, animée de ses sentiments généreux, et qui, en
présence de beaucoup de bien à faire, ne reculera pas devant
l'éventualité de quelques pertes.

« Votre Majesté ne considère pas cette éventualité comme
bien grave. L'homme le plus pauvre peut posséder encore une
valeur inestimable : sa probité, ses habitudes économes et laborieuses, son intelligence. Cette garantie, qui recevra d'un prêt
opportun une fécondité nouvelle, sera presque toujours suffi-
sante, le capital prêté sera rarement compromis.

« L'heureux exemple donné par Votre Majesté prouvera que
l'on peut avoir foi au travail honnête. Alors les capitaux privés
descendront moins timidement sous le toit du laboureur et dans
l'atelier de l'ouvrier. En fondant une œuvre de bienfaisance,
Votre Majesté aura obtenu un résultat économique.

« Votre Majesté espère que les prêts faits au travail pourront
être nombreux et consentis aux conditions les plus favorables.
Pour que le remboursement soit plus facile, il pourra être divisé
par fractions. Ces remboursements partiels devront être faits à
époque fixe, avec cette régularité qui est une preuve et une
condition d'ordre, mais qui n'exclura ni les versements anticipés,
ni l'obtention d'un délai pour cause légitime.

« Comme il importe que ces prêts conservent leur caractère et
ne soient pas envisagés comme de simples libéralités, il sera essentiel d'en assurer la rentrée. Puisqu'il n'y a d'autre garantie
que le travail, la probité, l'honneur de l'emprunteur, et aussi
l'honneur de sa famille, il sera indispensable que l'emprunteur
ait une juste cause, que les habitudes soient vraiment laborieuses, la probité certaine et l'honneur intact.

« Tel est le plan, tel est le but que Votre Majesté se propose
d'atteindre et qu'elle a daigné nous faire connaître.

« Pour accomplir son œuvre, Votre Majesté demande les fonds
nécessaires à la bienfaisance privée. Elle place cet appel à la
bienfaisance sous la protection du sentiment religieux : c'est la
source la plus féconde en bonnes œuvres, car l'amour de Dieu
donne une puissance infinie à l'amour de l'humanité, qui en
dérive.

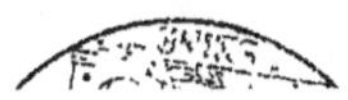

« Il a fait naître des fondations secourables adaptées à toutes les formes de la faiblesse ou de la misère; il a inspiré de la compassion pour les souffrances les plus cachées, et prépare des soulagements aux douleurs les plus lointaines; il a donné à la charité l'essor et la fécondité du génie. C'est au nom de cet esprit de charité que Votre Majesté demande appui pour les travailleurs à tous ceux qui peuvent lui apporter un utile secours.

« Pour bien caractériser cette pensée religieuse, Votre Majesté appelle à la présidence du conseil supérieur de la Société dont elle est la fondatrice, Son Éminence le cardinal Morlot, archevêque de Paris et grand-aumônier.

« Dans le même but, elle a fait un emprunt à une des plus touchantes institutions catholiques : à l'œuvre de la Sainte-Enfance.

« La prenant pour modèle, Votre Majesté veut alimenter la Caisse des prêts au travail avec les dons de l'enfance et de la jeunesse. Elle invite donc tous ceux qui débutent dans la vie et qui profitent du labeur d'autrui, en attendant qu'ils arrivent eux-mêmes à l'âge des travaux sérieux, à verser dix centimes par semaine ou cinq francs vingt centimes par an, à la caisse des prêts de l'enfance au travail.

« Pour donner une impulsion salutaire, pour accorder à l'œuvre qu'elle a conçue et qui aura toujours sa protection vigilante le plus grand témoignage de sympathie, Votre Majesté daigne la placer sous le patronage du Prince Impérial, afin qu'il soit tout à la fois le bienfaiteur de nos contemporains et le premier associé de la jeune génération qu'il est appelé à gouverner un jour.

« Cette participation de l'enfance à une institution généreuse sera profitable à tous.

« Pour les jeunes associés, ce sera une leçon de bienfaisance réfléchie qui leur apprendra à être bons avec discernement, les préparera à connaître les besoins sociaux et à les satisfaire par les moyens les plus sages.

« Pour les ouvriers qui deviendront leurs clients, ce sera une source abondante de bienfaits. Ces mains d'enfants qui laissent tomber chaque mois quelques centimes finissent par verser ainsi des trésors. En leur demandant de s'étendre sur les classes laborieuses, Votre Majesté a eu l'idée la plus féconde : *c'est*, suivant son heureuse expression, *l'avenir qui prête au passé.*

« Mais ces petites contributions hebdomadaires, si fécondes pour l'avenir, ne suffiraient pas au présent. Elles pourront continuer, consolider, étendre la Société des prêts au travail. Elles la constitueraient avec trop de lenteur.

« Pour arriver plus immédiatement au but, Votre Majesté s'adresse à toutes les conditions, depuis le plus grand dignitaire de l'État jusqu'au plus modeste citoyen, à tous ceux qui connaissent la douceur de faire le bien et qu'animent des sentiments généreux.

« Elle les convie tous à s'inscrire au nombre des fondateurs de l'œuvre nouvelle. Pour acquérir ce titre, il suffit de verser une fois pour toutes une somme de 100 fr., et chaque année une somme de 10 fr. En déterminant cette cotisation d'une manière uniforme et invariable, Votre Majesté a été inspirée par le désir de rendre les souscriptions moins onéreuses et plus abondantes.

« Ce sera le premier fonds de la Société. Il sera grossi graduellement par les souscriptions de l'enfance. Ces ressources seront suffisantes, car elles ne doivent. pas être dépensées. La Société nouvelle se distingue en un point essentiel des autres œuvres de bienfaisance : son capital est mis en circulation ; il est engagé, il n'est pas consommé. Chaque remboursement accompli servira à un placement nouveau, et, grâce à ce mouvement continuel, d'innombrables services peuvent être rendus par un capital limité.

« C'est ainsi que la Société du Prince-Impérial sera définitivement fondée.

« Ces principes établis, Votre Majesté nous demande quelle est l'organisation qui convient le mieux pour les mettre en action. La tâche qui nous est confiée est facile à remplir, car tout découle aisément des idées qui nous ont été communiquées.

« La nouvelle Société de bienfaisance prendrait le nom de *Société du Prince-Impérial.* Elle aurait pour but le *prêt de l'enfance au travail.* Établie à Paris, elle étendrait son action dans tous les départements, proportionnellement à ses ressources et aux besoins constatés.

« La Société du Prince-Impérial serait formée de fondateurs et d'associés.

« Des dames patronesses auraient pour mission de faire connaître et de propager la Société et d'organiser les divisions et les subdivisions d'associés.

« La Société du Prince-Impérial serait administrée par un comité supérieur et des comités locaux.

« Au conseil supérieur appartiendraient l'organisation, la décision, la surveillance.

« Les fonds seraient versés au Crédit foncier, qui veut bien ouvrir une Caisse pour la Société du Prince-Impérial. Enfin, chaque année, le comité supérieur rendra compte des opérations et de la situation de la Société à Paris, en assemblée générale à laquelle sont appelés les membres des comités locaux, les dames patronesses et les fondateurs.

« L'organisation adoptée déjà par l'œuvre de la Sainte-Enfance nous paraît assurer à la Société du Prince-Impérial tous les éléments d'une institution à la fois utile et durable.

« Cette institution contribuera à compléter l'ensemble de ces précieux établissements de bienfaisance qui doivent tant à l'heureuse intervention de l'Empereur et de Votre Majesté. Les uns, veillant sur la première enfance, la recueillent dans les crèches et les salles d'asile; d'autres assurent à l'adolescence les bienfaits de l'enseignement élémentaire, et plus tard ceux d'une instruction professionnelle qui peut s'élever jusqu'au plus haut degré de la science. L'apprentissage a été favorisé. Il y a des Caisses pour l'épargne, et une Caisse des retraites pour la vieillesse. Les ouvriers sont organisés en Sociétés de secours mutuels, salutaires institutions de prévoyance qui assistent la maladie et assurent un dernier témoignage de respect et de piété à la mort.

« Venant après toutes ces institutions, la Société du Prince-Impérial offrira ses ressources aux travailleurs. Elle n'espère pas fournir des capitaux à tous ceux qui mériteraient d'en obtenir, et son action aura malheureusement des limites; mais elle allégera bien des situations difficiles et rendra un signalé service, par cela seul qu'elle accordera crédit au labeur intelligent et honnête.

« Par là surtout, elle sera une œuvre nouvelle ; par là elle viendra puissamment en aide aux modestes agents de l'industrie et de l'agriculture.

« Elle permettra d'aller plus souvent à la Caisse d'épargne, plus rarement au Bureau de bienfaisance et à l'hospice, de verser davantage aux Sociétés de secours mutuels et de leur moins demander. Elle encouragera à l'ordre, au travail, à l'économie ; elle sera un nouvel anneau ajouté à cette chaîne de sollicitudes sociales qui protégent l'ouvrier depuis ses premiers pas jusqu'à sa dernière heure, et fera bénir une fois de plus trois noms augustes que la France est habituée à réunir dans une même pensée de dévouement et de respect.

« Nous soumettons à l'approbation de Votre Majesté le projet de règlement organique de la Société.

« Nous sommes de Votre Majesté les très-humbles et très-obéissants serviteurs,

« Les Membres de la Commission :

« Mgr l'Archevêque de Paris,

« MM. Frémy, de Royer, le duc de Bassano, Laity, Schneider, Ernest André, Busson, Léopold Le Hon, Boinvilliers, Boulatignier, Devienne, Bayle-Mouillard, le Curé de la Madeleine, le Curé de Saint-Laurent, Denière, Fère, Davenne, Hailig, Arlès-Dufour.

« Paris, le 5 avril 1862.

« Le Ministre de l'Agriculture, du commerce et des travaux publics,

« Rouher.

« Approuvé :
« EUGÉNIE.

RÈGLEMENT

DE LA SOCIÉTÉ DU PRINCE-IMPÉRIAL.

PRÊTS DE L'ENFANCE AU TRAVAIL.

ARTICLE PREMIER.

Formation de la Société, sa dénomination, son but.

« Il est formé une Association ayant pour but soit de faire des prêts destinés à faciliter l'achat des instruments, outils, ustensiles et autres objets mobiliers, ou matières premières nécessaires au travail; soit de venir en aide pour des besoins accidentels et temporaires à des familles laborieuses.

« Cette Association prend les noms de : Société du Prince-Impérial, Prêts de l'Enfance au travail.

ART. 2.

Composition de la Société.

« La Société se compose :
« De fondateurs
« Et d'associés.

ART. 3.

Fondateurs.

« Les fondateurs sont :
« S. M. l'Impératrice, Présidente de la Société,
« Et un nombre indéterminé de personnes qui verseront une somme de 100 francs une fois payée, et annuellement une somme de 10 francs.

Art. 4.

Associés.

« Les associés se composent de tous.les enfants âgés de moins de dix-huit ans qui verseront 10 centimes par semaine.

Art. 5.

Administration.

« L'administration est confiée :
« 1° A un conseil supérieur;
« 2° A des comités locaux ;
« 3° A des dames patronesses.

Art. 6.

« Le conseil supérieur se compose de vingt membres nommés par S. M. l'Impératrice.

Art. 7.

« Le conseil supérieur représente de plein droit tous les associés.

« Il délibère sur tout ce qui peut intéresser la Société.

« Il autorise les prêts; il est chargé de la gestion financière de l'Association; il peut emprunter, aliéner, transiger, accepter tous dons et legs, faire tous emplois de fonds, recevoir toutes sommes, toutes valeurs; enfin il a tous les pouvoirs nécessaires pour gérer et administrer, tant activement que passivement, les biens et affaires de la Société, et pour disposer de la manière la plus absolue des biens meubles et immeubles et de tous les intérêts de la Société.

« Il organise la comptabilité et l'administration et nomme à tous emplois gratuits et salariés; il détermine les conditions des prêts, l'intérêt auquel ils seront soumis, leur importance, leur durée et la forme dans laquelle ils sont consentis:

« Il détermine les conditions nécessaires pour l'établissement des comités locaux ; il dirige ces comités et leur délègue, s'il le juge utile, tout ou partie de ses pouvoirs ; il en règle le régime intérieur.

« Il peut également déléguer ses pouvoirs soit à des commissions choisies dans son sein, soit à un ou plusieurs de ses membres ou à toutes autres personnes.

« Les délibérations du conseil supérieur sont prises à la majorité des membres présents. Le nombre des membres présents ne doit pas être inférieur à sept.

« En cas de partage, la voix du président est prépondérante.

« Les copies et extraits de ces délibérations à produire en justice ou ailleurs sont certifiés par deux membres du conseil.

Art. 8.

Comités locaux.

« Les comités locaux sont nommés par S. M. l'Impératrice. Ils sont chargés de recevoir les cotisations et les demandes de prêts ; ils surveillent la comptabilité et préparent l'instruction des affaires de leur circonscription, et donnent un avis motivé sur ces affaires ; ils statuent sur celles dont la solution leur est déléguée par le conseil supérieur.

Art. 9.

« Les dames patronesses sont nommées par S. M. l'Impératrice, sur la proposition du conseil supérieur et l'avis du comité local. Elles sont chargées de provoquer et de recevoir les souscriptions, de rechercher les associés et de les réunir en divisions ou subdivisions.

« Un règlement du conseil supérieur pourvoiera à l'organisation de leurs réunions.

Art. 10.

Ressources.

« Les ressources de l'association se composent :

« 1° Des sommes versées par les fondateurs ;

« 2° Du produit des cotisations ;

« 3° Des legs et dons.

« Les fonds de la Société sont déposés à la caisse de Crédit foncier.

Art. 11.

Prêts.

« Le maximum des prêts qui pourront être faits à un seul emprunteur sera fixé tous les ans par le conseil supérieur ; ce maximum est fixé à 1,000 fr. pour la présente année.

DISPOSITIONS GÉNÉRALES.

Art. 12.

« La Société n'agit que dans les localités où s'est formée une réunion de fondateurs et d'associés dont le nombre est déterminé par le conseil supérieur.

Art. 13.

« Tous les ans, un exposé de la situation financière et morale de la Société, rédigé par les soins du conseil supérieur, est adressé à S. M. l'Impératrice et envoyé aux membres fondateurs.

Art. 14.

« Le conseil supérieur est autorisé à soumettre à l'approbation de S. M. l'Impératrice, toutes les modifications au présent Règlement dont l'expérience démontrerait l'utilité.

« Approuvé :

« EUGÉNIE.

« Palais des Tuileries, le 26 avril 1862. »

« Par décision de S. M. l'Impératrice, en date du 26 avril 1862, ont été nommés membres du conseil supérieur de la Société du Prince-Impérial pour les prêts de l'enfance au travail :

« S. EM. MGR LE CARDINAL ARCHEVÊQUE DE PARIS, grand-aumônier de l'Empereur, président.

« MM. FRÉMY, conseiller d'État en service extraordinaire, gouverneur du Crédit foncier, vice-président ;

DE ROYER, premier vice-président du Sénat ;

LE DUC DE BASSANO, sénateur, grand-chambellan ;

LAITY, sénateur ;

SCHNEIDER, vice-président du Corps législatif ;

ANDRÉ (Ernest), député au Corps législatif ;

BUSSON, député au Corps législatif ;

LE HON (Léopold), député au Corps législatif ;

BOINVILLIERS, président de Section au Conseil d'État ;

BOULATIGNIER, Conseiller d'État ;

DEVIENNE, premier président de la Cour Impériale de Paris ;

BAYLE-MOUILLARD, conseiller à la Cour de cassation ;

Le Curé de la Madeleine ;

Le Curé de Saint-Laurent ;

DENIÈRE, président du Tribunal de commerce ;

FÈRE, membre de la Chambre de commerce ;

DAVENNE, ancien directeur de l'assistance publique ;

HAILIG, administrateur du Crédit foncier ;

ARLÈS-DUFOUR, industriel, membre de la Chambre de commerce de Lyon.

IX

Aussitôt qu'une pensée vraie dans son principe, possible dans ses applications, a conquis droit de cité parmi l'esprit des masses, elle jette une lumière qui fait voir à tous de nombreuses déductions, de féconds corollaires que l'on n'apercevait pas dès l'abord.

La philanthropie revendique à plus d'un titre cette propagande d'un mode nouveau, cette extension légitime du champ des idées généreuses. L'étude et l'examen se sont emparés de cette science, — c'est une science aujour-d'hui, —comme d'une force inconnue qu'il fallait utiliser, diriger vers un but arrêté d'avance, à l'aide de moyens certains et précis.

L'histoire de la bienfaisance publique en France, histoire glorieuse, présente à toutes ses périodes cette préoccupation des penseurs et des hommes d'action, qui peut se résumer ainsi : « La charité doit devenir, non-seulement le soutien, mais le conseil, le code de morale, le livre élémentaire de la civilisation des classes nécessiteuses. Mais, comme la civilisation, dans son sens le plus élevé, n'est autre chose que la manifestation et l'empire du bien et du vrai, élevons la charité, pour la rendre digne de son but, à la hauteur d'une œuvre complète, sérieuse et vénérée de tous. »

Ce but est atteint; ce but, depuis longtemps entrevu, nous le répétons, par les intelligences les plus pures et les plus élevées de notre pays. — Les gens de bien savent porter haut leurs regards. — *Le prêt au travail* domine les égoïsmes et les coteries du présent. La charité ne parle plus aujourd'hui le patois des partis ou le mystérieux idiome des congrégations : elle parle la langue de la France.

La *Société du Prince-Impérial* complète donc l'ensemble des établissements de bienfaisance si multipliés par notre époque : Crèches, salles d'asile, enseignement élémentaire et professionnel, surveillance de l'apprentissage, caisses d'épargne, caisses de retraite pour la vieillesse, sociétés de secours mutuels, institutions de prévoyance qui assistent la maladie et assurent un dernier témoignage de respect à la mort; toutes ces fondations salutaires se sòudent comme autant d'anneaux à l'*organisation du prêt au travail*, pour former cette chaîne de sollicitudes sociales qui protégeront désormais l'ouvrier, depuis ses premiers pas jusqu'à sa dernière heure.

La France ne fait pas de la bienfaisance et de la philanthropie une question d'aumônes banales ; elle réalise son génie charitable en bienfaits moraux ; elle frappe à son effigie les œuvres de charité et d'encouragement qu'elle crée.

C'est, en effet, une idée féconde et toute française, que de faire verser des trésors par des mains d'enfants, qui laissent tomber chaque mois quelques centimes. C'est *l'avenir* — suivant la belle expression de l'Impératrice — *l'avenir qui prête au passé*. Nous nous permettrons d'ajouter que l'avenir prête ainsi à l'avenir. Ces modestes offrandes, source de prospérité, uniront intimement ceux qui les déposent sur la charrue et sur l'outil, à ceux qui les reçoivent, à ceux qui creusent chaque jour le rude sillon du labeur.

Que dit-on à l'enfant, quelle que soit sa naissance, quelle que soit sa fortune ? « Le travail est une nécessité sociale, lui seul élève l'homme et lui permet d'acquérir les connaissances qui le rendront utile à ses semblables. » Or, cette association du *prêt au travail* n'est-elle pas une pieuse glorification du travail lui-même, puisqu'on l'honore et le protége dans la personne de ceux qu'il n'a pu sauver des éventualités malheureuses de la vie ? Associé à la *Société du Prince-Impérial*, l'enfant acquerrera ce respect du travail dont l'éducation lui démontre l'urgence ; il s'intéressera directement aux résultats généraux de ces industries diverses dont il protége, lui chétif, les robustes et malheureux artisans ; il prendra aussi, peu à peu et par le développement même de ses facultés, comme un engagement moral de patroner plus tard — homme public, agriculteur, industriel — ce qu'il aura patroné et aimé pendant ses premières années, et c'est ainsi que son esprit se trouvera amené à la pratique assidue de cette loi divine de la charité qui rayonne à travers les siècles sur le monde chrétien et qui est l'ornement et la force des sociétés modernes.

Ce ne sont pas seulement les enfants appartenant aux familles riches et aisées qui vont devenir les associés de cette belle et bonne œuvre. Les élèves de nos écoles primaires — ces lycées des enfants pauvres — seront appelés aussi à entrer dans les rangs de cette vaste et démocratique association.

A peine le rapport adressé à l'Impératrice a-t-il été connu en France, que de tous les points de l'Empire arrivent déjà les souscriptions des membres fondateurs. C'est là l'indice d'un vrai mouvement national. A l'heure qu'il est, la généreuse pensée de l'Impératrice est comprise par toutes les classes de la société et toutes, en effet, y trouveront leur part : aux uns, il appartient de recueillir des souscriptions, de stimuler l'empressement des gens de bien; aux autres, de demander des instruments de travail; à tous, de contribuer, chacun dans la mesure de son intelligence, de ses forces, de son savoir, à la prospérité de cette France chrétienne et libérale, qui est la première nation du monde.

X

Depuis dix ans la France a dû résoudre de difficiles problèmes de civilisation et de politique, qui se dressaient

de tous les points de l'horizon. Elle a su faire parler la
raison et la poudre. Elle a rejeté au loin, avec de glorieu-
ses revanches, tous les linceuls que la coalition des pan-
dours et de l'obscurantisme avait scellés sur ses malheurs
passés. Elle marche aujourd'hui à son but souverain : l'indépendance des peuples et la liberté de l'homme.

Dieu bénit la France ; mais la Charité la protége en
conservant intacts les principes d'ordre, de concorde et
de dévouement qu'elle représente et qui vivent dans toutes
les institutions fondées à l'initiative ou sous le patronage
auguste de l'Impératrice Eugénie.

Enregistrant tant de bienfaits, dénombrant tant d'œuvres
utiles, gravant tant de traits de mansuétude et de bien-
veillance, éclairant de son impartialité cette vie consacrée
tout entière à améliorer le sort, à élever l'intelligence, à
rendre féconds le travail et l'activité des classes laborieuses ; groupant, sous les ailes d'or de la Charité, ces actes
qui témoignent tous d'une ardente sollicitude à faire le
bien et à le bien faire, l'Histoire, fidèle écho des souvenirs
et des sympathies de la nation, ne séparera pas la bien-
faitrice de la grande famille, objet et témoin de la maternelle générosité de son cœur, et elle fera suivre les glo-
rieuses annales de Crimée et d'Italie, du chapitre le plus
éloquent et le plus ému de notre époque :

L'Impératrice Eugénie et le Peuple.

FIN.

Paris. Imprimerie de L. TINTERLIN, rue Neuve-des-Bons-Enfants, 3.